AF233651

MÉMOIRE

POUR

M. GUYOT-MONTPAYROUX

Ancien Député, ancien Consul général de France à Pesth,

PARTIE CIVILE

Appelant d'un Jugement du 22 juin 1877, qui a renvoyé M. ASSÉZAT DE BOUTEYRE des fins de la prévention sans dépens.

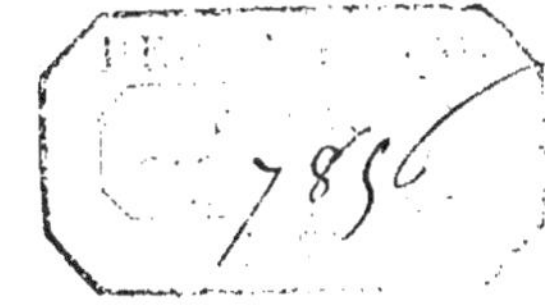

PARIS

CHARLES SCHILLER, IMPRIMEUR BREVETÉ

10, FAUBOURG MONTMARTRE

—

1877

Paris, le 14 août 1877.

A M. le Président et à MM. les Conseillers composant la Chambre des Appels de police correctionnelle de la Cour de de Paris.

Messieurs,

Depuis que M. l'avocat général Laval a porté la parole dans l'affaire Assézat de Bouteyre, les journaux qui se croient tout permis contre un adversaire politique, reproduisent, à mon adresse, une série d'injures et de violences odieuses qu'ils affirment être « les conclusions du ministère public. » Jusqu'à ce jour, j'ai gardé le silence, attendant patiemment l'heure de la justice. Mais, devant les furieuses audaces de mes ennemis, en présence de l'article de la *Défense*, dont j'ai l'honneur de vous adresser un exemplaire, je ne puis laisser plus longtemps, sans user du droit de réponse qui m'appartient, ma personnalité sous le torrent d'injures inqualifiables et bien symptômatiques que j'ai l'honneur de vous signaler. L'article de la *Défense*, m'assure-t-on, est de la main même de M. Assézat de Bouteyre : ce sera une preuve sérieuse de plus de sa parfaite bonne foi et de son peu d'intention de nuire.

Ma réponse, d'ailleurs, sera aussi mesurée que possible : j'ai trop raison pour n'avoir pas le droit, je dirai le devoir, d'être calme. Je laisse à mes ennemis leurs fureurs épileptiques, et je vous prie simplement, Messieurs, de vouloir bien lire, avec quelque attention, les observations décisives que j'ai l'honneur de vous adresser.

I

M. l'avocat général a reconnu, dans ses conclusions, deux choses importantes : la première, c'est que le traité que j'ai passé avec M. Dentu, le 18 août 1866, ne présentait AUCUN CARACTÈRE DÉLICTUEUX ; la seconde, c'est qu'il est parfaitement exact que c'est moi qui, par l'intermédiaire de M. Chénard, ai procuré à M. Dentu les capitaux nécessaires à son entreprise. Cela une fois établi, je laisse de côté les appréciations de M. l'avocat général, tout en leur accordant l'importance qu'elles méritent, et je dis : « Puisque, des déclarations mêmes de M. l'avocat général, il résulte que c'est bien moi qui ai mis en rapport M. Dentu avec ses associés, et que c'est ainsi qu'est expliquée la très modique part sur les bénéfices que j'ai touchée deux ans après ma sortie de l'Exposition ; je demande ce qu'on pourrait bien encore reprocher à ce traité : « d'avoir été fait, répondra M. l'avocat général, en contravention avec l'article 6 du RÈGLEMENT GÉNÉRAL de l'Exposition. »

M. l'avocat général, tout absorbé qu'il est par ses fonctions judiciaires, est certainement bien excusable de ne pas connaître les choses de l'Exposition ; mais il commet là une nouvelle erreur, par sa trop grande confiance dans les assertions de Mᵉ Jolibois.

Ce n'est pas le RÈGLEMENT GÉNÉRAL de l'Exposition qui interdit aux agents de la Commission impériale de prendre un intérêt dans « les travaux et fournitures. » Le règlement général, qui a été approuvé par DÉCRET, le 12 juillet 1865, et qui est un document tout à fait sérieux, ne dit rien de pareil.

La disposition réglementaire à laquelle, après le jugement de première instance, M. l'avocat général fait allusion, est l'article 6 du RÈGLEMENT SPÉCIAL DE COMPTABILITÉ, lequel est un simple arrêté ministériel et s'applique uniquement — il suffit de le lire pour s'en convaincre — aux services du commissariat général. Or, le service de la publicité, dont je faisais partie, n'a jamais été compris dans les services du commissariat général : le RAPPORT OFFICIEL de la Commission impériale et la liste 4, comprise en annexe dans ce rapport et contenant, sans aucune exception, tous les services du commissariat général, ne peuvent laisser aucun doute sur ce point.

Je conclus. Si l'article 6, comme la chose n'est plus douteuse, s'applique seulement aux services du commissariat général, et s'il est démontré que je n'en faisais pas partie, que devient tout le bruit fait autour de cela pour embrouiller une question très-simple ?

La vérité est que personne n'a rien à voir dans ce traité, parce que ce traité ne lèse personne. Je l'ai livré moi-même à la justice, parce qu'il m'a plu de le faire, mais personne n'a le droit de s'en faire une arme contre moi, surtout du moment qu'il est constant qu'il ne présente aucun caractère délictueux. Une seule personne pourrait s'en plaindre, M. Dentu. Il ne le fait pas — loin de là — parce que ce traité a eu pour résultat de lui faire gagner beaucoup d'argent. Il proteste avec indignation contre l'usage odieux que font M. Assézat de Bouteyre et ses amis des renseignements qu'il leur a fournis : telle est la vérité qu'on ne parviendra pas à détruire, quelque mauvaise foi et quelque violence qu'aient pu y apporter les passions politiques.

Les choses étant ainsi — et de l'aveu même de
M. l'avocat général elles sont ainsi, puisqu'il reconnaît
que le traité ne présente aucun caractère délictueux et
qu'il reconnaît également que c'est bien par mon intermédiaire qu'a été fait le traité entre M. Dentu et ses
associés — les choses étant ainsi, aura-t-on le droit, à
propos de ce traité, de m'appeler impunément « escroc »
et « concussionnaire ? » M. l'avocat général Laval ne
s'explique pas très clairement là-dessus ; mais ses conclusions indiquent nettement qu'il a sur ma personnalité, sur ma conduite passée, sur ma conduite présente,
des renseignements tout à fait erronés que ses occupations judiciaires ne lui auront pas permis de rectifier.
C'est ce que je vais faire, Messieurs, en n'avançant que
des faits appuyés sur des preuves inéluctables, et en
reconstituant ma personnalité, à la place de la personnalité de fantaisie qu'a bien voulu créer M. l'avocat
général, entraîné par l'ardeur de son éloquence.

II

Je suis né à Brioude (Haute-Loire) le 14 janvier 1839.
Mon père était un ingénieur distingué : il a été longtemps ingénieur en chef des départements de la Haute-
Loire et du Puy-de-Dôme. Il est officier de la Légion
d'honneur. Depuis sa retraite, il habite le château de
Marant (Puy-de-Dôme).

Ma mère est également originaire de la Haute-Loire.
Elle est la nièce du baron Grenier, un des rédacteurs
du Code civil, pair de France, premier président de la
Cour de Riom.

Mon frère est juge au tribunal de la Seine. Il était,
antérieurement, avocat général à Riom. Il a épousé la
fille unique de M. Dessaignes, président du Tribunal de

Clermont-Ferrand et député du Puy-de-Dôme de 1830 à 1846.

Moi, j'ai été reçu bachelier à seize ans, licencié en droit à vingt ans. A vingt-et-un ans, j'étais attaché au ministère de l'intérieur. La déposition de M. Le Play témoigne qu'à vingt-cinq ans, je refusais une sous-préfecture aux portes de Paris.

Je devenais ensuite le collaborateur de M. de Girardin, qui venait de prendre la direction de la *Liberté*. C'est dans ces conditions que je fis la connaissance du prince Napoléon, qui venait d'être chargé de l'organisation générale de l'Exposition.

Préoccupé d'être en bonnes relations avec la presse, il voulait créer un service spécial qui serait chargé de communiquer aux journaux tous les renseignements intéressant l'Exposition, et qui enregistrerait, dans un rapport quotidien fait à la Commission impériale, ce que la presse publiait sur l'Exposition. Le prince Napoléon songea à moi, et pria M. de Girardin de m'offrir ce service. « Cela vous occupera à peine deux heures par jour, me dit-il; et, en 1867, vous serez décoré. En même temps, vous aurez l'occasion de nouer des relations avec les représentants ou délégués de l'Europe entière, et sans avoir aucune éspèce de politique à faire. » — J'acceptai. — « Vous aurez une indemnité de 6,000 fr., ajouta le prince. Je viens d'en donner l'ordre à M. Le Play. »

M. Le Play m'accueillit très-froidement. Il voyait en moi un homme qui lui était *imposé*, et il réduisit — il le dit d'ailleurs dans sa déposition — mes appointements de moitié. Je lui répondis que je n'étais pas entré à l'Exposition avec des préoccupations d'intérêt, et j'acceptai cette diminution de situation. Peu après, j'avais toute la confiance de M. Le Play qui ne cessait de me témoigner sa satisfaction, et fit successivement élever mes appointements à 5, 6 et 7,000 francs, malgré les résistances systématiques de M. Rouher, qui avait remplacé le prince Napoléon.

Pourquoi ces résistances ? Il ne m'appartient pas de le dire. Mais ce que j'affirme, ce que tout le monde sait, c'est qu'elles tenaient à des raisons *absolument personnelles.*

Le 1er juillet 1867, jour de la distribution des récompenses, arriva. Je fus présenté un des premiers sur la liste des décorations : M. Rouher biffa mon nom. M. Le Play s'exclama et demanda la cause de ce déni de justice. « Cela me regarde, répliqua M. Rouher ; *et je vous prie, d'une façon absolue, de ne plus insister.* »

M. Le Play revint à l'Exposition. Il me fit appeler, et, les larmes aux yeux, me raconta ce qui venait d'arriver.

Je me rendis immédiatement au Ministère d'État. « Monsieur le ministre, dis-je à M. Rouher, ce n'est pas un ruban que vous voulez m'enlever, c'est l'honneur ; car nul ne comprendra pourquoi je ne suis pas décoré. » « Vous dites vrai, répondit M. Rouher, et mon refus n'a pas d'autre but. » Je compris que j'avais en face de moi une haine implacable, et je me retirai.

Je fis connaître à M. Le Play la réponse de M. Rouher. Et, pour me mettre à l'abri de toute calomnie ultérieure, il me remit la lettre qui est au dossier, et dans laquelle il rend une justice éclatante aux services rendus par moi à l'Exposition.

J'ai appris, depuis, d'une façon certaine (et M. Le Play ne me démentirait pas), qu'à cause de ce fait, M. Rouher s'était vivement opposé à sa nomination de sénateur, qui eut lieu malgré le vice-empereur.

III

Le lendemain, je reprenais ma place à *la Liberté*, que je quittai seulement en décembre 1868; et je m'associais à la campagne très vive qui fut faite par ce journal contre le ministère présidé par M. Rouher.

En 1869, j'étais nommé député, dans mon département natal, avec six mille voix de majorité : M. Rouher avait exercé, contre ma candidature, une telle pression que le préfet était désavoué et immédiatement révoqué.

La veille de la vérification des pouvoirs, M. Dréolle insérait dans son journal *le Public* une note disant à peu près ceci : « La vérification des pouvoirs nous en apprendra de belles sur M. Guyot-Montpayroux. » Le lendemain (j'étais secrétaire d'âge du Corps législatif), du bureau où je siégeais, quand fut appelée mon élection, je me tournai, de la façon la plus significative, vers M. Rouher, pour lui demander s'il prendrait la parole. M. Rouher se tut. L'élection fut validée sans débat.

N'avais-je pas raison de croire que ce que Me Jolibois a si justement appelé « la scie » de l'Exposition était enfin terminé ? Et, au milieu des luttes absorbantes de la vie publique, pouvais-je prendre garde à quelques entrefilets du *Figaro*, que je lisais quelquefois, que je méprisais toujours ? Hélas ! j'avais à peine trente ans; et je ne savais pas combien Beaumarchais avait raison en parlant de la puissance de la calomnie.

Le 4 septembre 1870, je fus un des treize députés qui proclamèrent la République et la déchéance de l'Empire, à l'Hôtel-de-Ville; mais, rangé à l'opinion de M. Grévy, je me séparai, dès le 5, de mes amis, parce qu'ils hésitaient à convoquer une Assemblée nationale. Durant cette période, je fus, à Tours et à Bordeaux, en relations permanentes avec MM. Thiers et Grévy, et leur auxiliaire le plus actif dans tous les efforts qu'ils firent pour hâter et assurer la consultation du suffrage universel.

Je passe sous silence l'incident violent qui m'empêcha d'être élu député le 8 février 1871. J'aurais pu faire casser les élections de la Haute-Loire, ainsi que le constate le rapport de M. le comte Durfort de Civrac. Mais nous étions à la veille de la conclusion de la paix. J'écrivis simplement à M. le président Grévy que, pour une affaire toute personnelle, je ne voulais pas retarder la vérification des pouvoirs. Je dois dire que je ne croyais pas, alors, que l'Assemblée élue le 8 février 1871 se perpétuerait durant cinq années.

A partir de cette époque, je fus chargé de diverses missions délicates, à la suite desquelles M. Thiers me nomma, en 1872, consul général de France à Pesth.

A ce moment, M. Rouher me créa encore de nouveaux embarras. On noua une petite intrigue tendant à me faire refuser l'*exequatur ;* cette intrigue n'aboutit pas, et M. le comte Andrassy me donna, ou plutôt donna au gouvernement français toute satisfaction. J'ai la lettre de M. de Rémusat, qui démontre tout cela.

Vers cette même époque, il était question, pour moi, d'un mariage. Les journaux à la dévotion de M. Rouher commencèrent, contr moi, une furibonde campagne d'insinuations : j'en ai gardé plusieurs, que je tiens à votre disposition. C'est ici que se placent, pour la première fois, l'histoire des « *papiers dans une cheminée sans feu,* » des « *soumissions caressées et vues à travers les enveloppes,* » toutes ces inventions figaresques que les bonapartistes colportaient partout, au mot d'ordre du maître. *L'Ordre, le Pays, le Figaro* ne parlent pas d'autre chose. — C'est alors, me dit-on, que j'aurais dû faire le procès. Est-ce sérieux? Un procès en diffamation sur de pareilles insinuations? Toutes les personnes que je consultai m'en détournèrent. On me disait que cela n'avait point de portée. Je le crus ; mes ennemis, pourtant, arrivèrent à leur fin. Mon projet de mariage fut rompu. C'est ce qu'on voulait. La campagne de diffamation s'arrêta. Je me rendis à Pesth.

A mon retour, en prévision d'élections générales prochaines, je donnai ma démission. Je me remis, très activement, à faire du journalisme ; et, après avoir collaboré au *Soir*, je fondai, de concert avec mon éminent et regretté ami M. Ricard, le *Courrier de France*, qui devint un des organes attitrés du centre gauche.

IV

Voilà ma vie, exactement dépeinte, jusqu'en février 1876. A cette époque, on connaissait mes relations amicales avec les principaux chefs du parti républicain ; on savait que j'étais un des amis les plus intimes de M. Ricard ; on prévoyait que M. Ricard serait appelé au ministère, et que, si j'étais député, j'occuperais auprès de lui un poste important. C'est alors que fut résolue la manœuvre de M. Assézat de Bouteyre, préparée, depuis 1872, par M. Rouher, qui le reconnaît, et n'a pas craint de venir en déposer à l'audience.

Vous savez tout ce qui a été fait depuis lors, tout ce qu'on tente encore aujourd'hui pour arracher à la répression qu'il mérite, celui qui, le 2 mars 1876, fut l'instrument de cette longue machination.

Pour stupéfier le corps électoral, la première thèse soutenue fut celle-ci : « M. Guyot-Montpayroux est un « escroc » qui a « extorqué » vingt-trois mille francs à l'éditeur Dentu, au grand éditeur Dentu (M. l'avocat général dit encore, aujourd'hui, quelque chose d'analogue) et on ajoutait: « Nous en avons la preuve. Quand

Dentu, *dont l'honorabilité est au-dessus de toute atteinte,*
parlera, sous la foi du serment, il le dira bien. » Ce fut,
sous cette impression, qu'on me força à subir la lutte
électorale de 1876. Néanmoins, les électeurs qui avaient
connu le traité, et qui comprenaient qu'une odieuse
intrigue avait pu seule dénaturer ainsi la vérité, m'élu-
rent au premier tour de scrutin. D'autre part, M. Dentu
protesta avec la plus vive indignation et refusa de prendre part à la machination.

Immédiatement, on vira de bord. Pour gagner du
temps, pour pouvoir me diffamer impunément, pour
créer une légende, pour donner à un traité absolument
privé, et de tous points inattaquable, des apparences
incorrectes, on imagina une longue procédure à la suite
de laquelle, sous la promesse faite par M. Assézat qu'il
prouverait que « j'avais reçu un don pour faire acte de
mes fonctions, » on m'a fait fonctionnaire public, et
fonctionnaire public agissant dans l'exercice de mes
fonctions. Si la Cour veut se rendre un compte exact
des allégations mises en avant pour atteindre ce but, il
faut lire les plaidoiries de M⁰ Jolibois au Puy et à Riom.
Jamais imagination ne fut plus féconde.

Eh bien ! soit ! me voilà fonctionnaire public, durant
l'Exposition universelle de 1867! C'est bien extraordi-
naire. Mais enfin, soit ! Et après? Cette fois, allons-nous
en finir ?

M. Assézat de Bouteyre a dit que j'avais commis, à
l'Exposition, des actes qui constituaient une « escroque-
rie » ou une « concussion; » qu'il en avait les preuves
« entre les mains. » C'est bien clair? Et, pour qu'on sût
bien que ces qualifications n'étaient pas des qualifications improvisées, il signait en grosses lettres : *ancien*
MAGISTRA T.

Aujourd'hui, M. l'avocat général est obligé de recon-
naître que le traité incriminé par M. Assézat n'a aucun
caractère délictueux, ne peut tomber, en aucun cas,

sous l'application d'aucun article du Code pénal. J'ai démontré avec des pièces officielles que l'article 6 du Règlement, avec lequel on a cherché à troubler l'opinion, ne pouvait, en aucun cas, m'être applicable : car cet article, qui n'est pas un article du Règlement général, comme l'a dit à tort le jugement, mais seulement un arrêté ministériel, ne s'appliquait qu'aux services du commissariat général, et le service de la publicité ne faisait pas partie du commissariat général. Le rapport officiel de la Commission impériale est, à cet égard, aussi explicite, aussi formel que possible; et les assertions de M. l'avocat général ne peuvent faire qu'il en soit autrement.

V

Ainsi donc, je suis persécuté — et ce n'est que trop démontré — je suis persécuté depuis dix ans pour un acte absolument innocent, qui n'a lésé personne, qui ne pouvait léser personne. Je viens aujourd'hui, après avoir suivi toutes les juridictions, demander à la justice de mon pays la protection à laquelle j'ai droit.

Je viens lui demander de réparer un dommage matériel qu'elle ne pourra jamais, quoi qu'elle fasse, réparer complétement; je viens lui demander, surtout, de rendre un arrêt qui me lave de toutes ces infamies.

Et la Cour, couvrant de sa protection involontaire des articles électoraux, comme celui de *la Défense* d'hier, répondrait, comme M. l'avocat général : « Nous acquittons M. Assézat de Bouteyre, parce que M. Assézat est, avant tout, un homme DE BONNE FOI et, aussi, parce que, quoique n'ayant commis aucun acte délictueux, M. Guyot-Montpayroux est une sorte de... bohème... Ce sont bien là les conclusions de M. l'avocat général, je les affaiblis plutôt que je les exagère.

Eh bien ! je voudrais bien savoir où M. l'avocat général a pu constituer ainsi ma personnalité, soit de 1839, date de ma naissance, à 1865, date de mon entrée à l'Exposition, soit de 1867 à 1877.

A vingt et un ans, j'étais attaché au ministère de l'intérieur. A vingt-cinq ans, j'étais sous-préfet. A trente ans, j'étais député. A trente-quatre ans, j'étais consul général et agent politique dans un poste de premier ordre. C'est là une existence... aventureuse ? M. l'avocat général aura pris, évidemment, un homonyme pour moi.

Quoi qu'il en soit, Messieurs, j'ai voulu, une fois pour toutes, mettre à nu l'odieuse intrigue qui me poursuit ; et, si j'ai glissé sur les véritables causes de la haine particulière dont m'honore M. Rouher, c'est parce que je tiens à être aussi réservé que mes ennemis sont violents et discourtois. J'ai voulu, une fois pour toutes, mettre au pied du mur mes diffamateurs de tout espèce et de tout rang. Ils y sont. Les injures ne sont pas des raisons, et je sais ce qu'il faut à la justice : ce sont des raisons.

M. Assézat de Bouteyre a préparé avec M. Rouher, pendant quatre ans, une machination tendant à me faire, la veille des élections, passer pour un « escroc » et un « concussionnaire. » La Chambre a pris connaissance du traité incriminé, elle a témoigné son indignation. Le suffrage universel a pris connaissance du traité, il m'a élu. Le Tribunal correctionnel a pris connaissance du traité, il déclare qu'il n'a aucun caractère délictueux.

Les choses en sont là. J'attends l'arrêt de la Cour.

Veuillez agréer, Messieurs de la Cour, l'assurance de ma respectueuse considération,

L. GUYOT-MONTPAYROUX

Ancien Député,

Ancien Consul général de France à Pesth.

PARIS. — CHARLES SCHILLER, IMPRIMEUR BREVETÉ

10, rue du Faubourg-Montmartre.